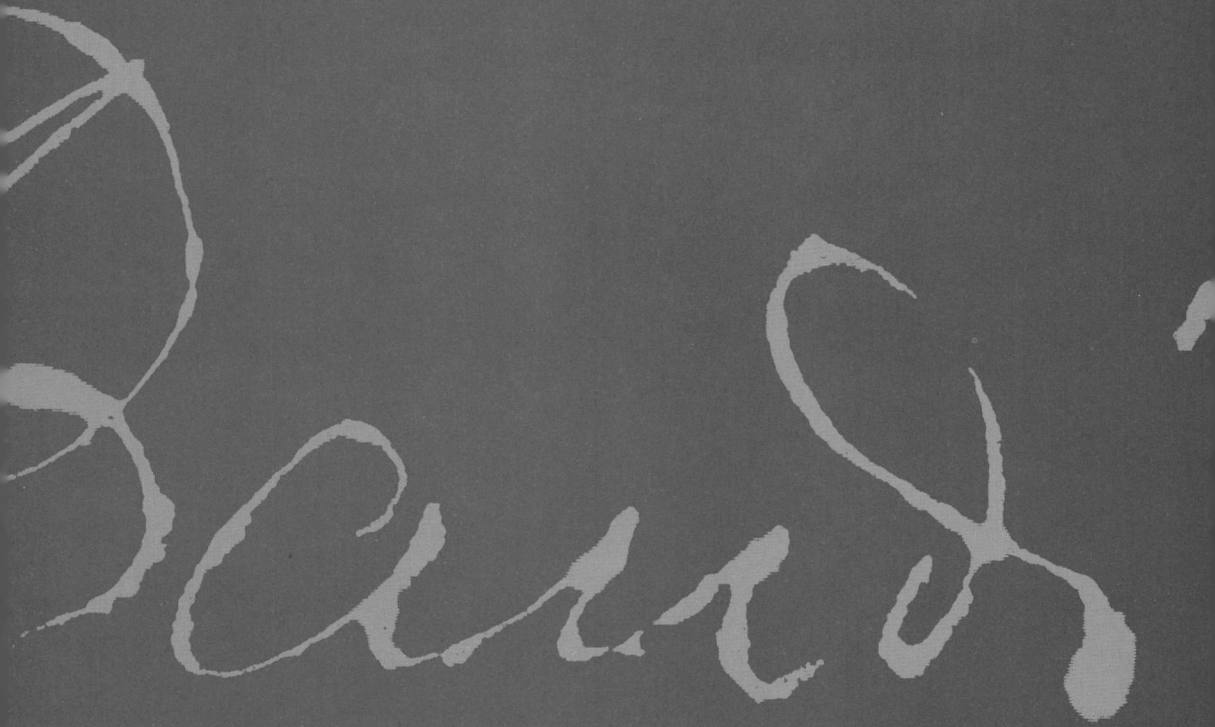

Barcelona, Gaudí y la Ruta del Modernismo

Barcelona. Gaudí y la Ruta del Modernismo

Editor: Paco Asensio

Texto: Lluís Tolosa

Edición y coordinación: Susana González

Dirección de arte: Mireia Casanovas Soley

Diseño gráfico: Emma Termes Parera

Copyright para la edición internacional:
© Kliczkowski Publisher-A Asppan S.L.
Fundición, 15. Polígono Industrial Sta. Ana
Rivas-Vaciamadrid. 28529 Madrid
Tel.: +34 91 666 50 01
Fax: +34 91 301 26 83
asppan@asppan.com
www.onlybook.com

ISBN: 84-89439-50-8
D.L.: B-5996-2001

Proyecto editorial

LOFT publications
Domènec, 9 2-2
08012 Barcelona. Spain
Tel.: +34 93 218 30 99
Fax: +34 93 237 00 60
e-mail: loft@loftpublications.com
www.loftpublications.com

Impreso en:
ApG servicios gráficos. Barcelona, España

Marzo 2001

Templo de la Sagrada Família

Las ciudades, como las personas, forjan su carácter en una época y unas circunstancias determinadas. Barcelona era a mediados del siglo XIX un núcleo en plena efervescencia industrial y comercial, pero su desarrollo se veía entorpecido por unas murallas medievales que concentraban la población en un espacio limitado. No fue hasta 1854 cuando el clamor popular consiguió derribar las murallas y acometer la deseada expansión de la capital. La planificación de reforma y ensanche (de ahí el nombre que recibe este distrito, Eixample) de la ciudad, planteada por Ildefons Cerdà, es uno de los mayores proyectos urbanísticos del siglo XIX en Europa, y aunque se llevó a la práctica con limitaciones y distorsiones sobre el planteamiento inicial, ha dado lugar a un modelo de ciudad admirable.

El proceso de expansión urbanística y demográfica coincidió con un importante crecimiento económico, que se mantuvo a lo largo de la segunda mitad del siglo XIX y culminó en un periodo de máxima euforia con el cambio de siglo. Fueron años de intenso desarrollo de las industrias textil, metalúrgica y química, y es el momento en que aparecen las grandes compañías eléctricas y navieras. Barcelona vivió intensamente el espíritu de modernidad que generaron las innovaciones científicas de la época y supo traducirlas en avances tecnológicos y aplicaciones prácticas para la producción industrial. Este proceso disparó la actividad comercial y especulativa, y

Vidrieras en el comedor de la Casa Lleó Morera

el dinero circulaba rápidamente por las calles de la ciudad a través de más de un centenar de sociedades de crédito.

De esta efervescencia emerge una nueva clase social, una burguesía fulminantemente enriquecida por las oportunidades de los nuevos tiempos. Algunos apellidos empiezan a surgir de la nada y la vida social barcelonesa se ve invadida por esta nueva clase, que gasta en lujo y ostentación mucho más que la nobleza, la banca y el comercio tradicional. Así nace una ciudad pletórica de restaurantes de lujo, tiendas de muebles suntuosos y teatros vestidos de gala que configuran un verdadero escaparate social.

Emerge una nueva clase social, una burguesía fulminantemente enriquecida por las oportunidades de los nuevos tiempos

Es en este contexto social y económico donde hay que entender el nacimiento del Modernismo catalán. Es cierto que es un movimiento artístico que florece en gran parte de Europa (*art nouveau, modern style, style 1900,* y otros nombres que recibió en los diferentes países), pero es en Cataluña, y sobre todo en Barcelona, donde alcanza una proyección, una vitalidad y una originalidad de dimensiones extraordinarias.

El Modernismo catalán no contó con ninguna plataforma académica, con ningún soporte público, ni siquiera, en

Chimenea de la Casa Milà

un primer momento, con la adhesión incondicional de la burguesía floreciente, pero se convirtió en la forma de expresar la voluntad renovadora y el afán de modernidad de una época. El movimiento abarcó los distintos campos del arte, la literatura y la música, pero lo más importante es que hizo de la ciudad un verdadero museo de arquitectura, hasta el punto de que se ha comparado el Modernismo en Barcelona con el Renacimiento en Florencia.

La nueva burguesía industrial y financiera hizo de esta arquitectura un elemento básico para su distinción social,

Detalle de la sala hipóstila del Parc Güell

Antoni Gaudí, en una de las pocas ocasiones en que se dejó fotografiar.

así que muchas de las grandes obras de la ciudad son suntuosas residencias burguesas concebidas para ser contempladas en la arteria comercial y social de la nueva ciudad, el gran bulevar del paseo de Gràcia, y por eso mantienen los nombres de sus propietarios, como la Casa Milà, la Casa Amatller o la Casa Batlló. Pero, por otro lado, la voluntad renovadora empapó la ciudad de forma muy generalizada e hizo que el uso social del arte alcanzara límites casi mágicos. Las farmacias, las pastelerías, los hornos de pan y las tiendas de la ciudad se decoraron como las grandes casas de la burguesía, y el arte y la belleza impregnaron por sí mismas la vida cotidiana de Barcelona, en parte como culto a la nueva modernidad, pero también como superación de un siglo XIX marcado por los tonos grises de la industrialización y por una mentalidad excesivamente pragmática.

No hay duda, por tanto, de que el Modernismo es un fenómeno nacido del esplendor económico y de la distinción social de la burguesía; sin em-

Esbozo de la Sagrada Família

Salón principal de la Casa Batlló

bargo, no hay que olvidar que es también un movimiento de carácter político. Esa misma elevación de la burguesía industrial y financiera sobre las clases obreras coincidirá con la consolidación del movimiento nacionalista catalán frente al Estado español. Los intentos del progresismo político catalán por formar un gobierno estable habían originado grandes revueltas populares que asustaron a la burguesía barcelonesa, así que no fue hasta la caída de la Primera República (1874) y la restauración de la monarquía española cuando se consiguió la estabilidad política y la atmósfera conservadora adecuada para que la burguesía catalana pudiera incorporarse al movimiento nacionalista catalán. Con un proyecto político firme, el Modernismo se convirtió también en la nueva forma de expresión de la identidad nacional catalana.

El Modernismo se convirtió en la nueva forma de expresión de la identidad nacional catalana

En este marco histórico florecieron unos 80 arquitectos, que encontraron el centro de la ciudad absolutamente asfixiado por las viejas murallas que acababan de caer; pero Barcelona brindaba un Eixample que iba a convertirse en el espacio predilecto de la arquitectura modernista. Los nombres más representativos son, aparte de Gaudí, que llevó el Modernismo a sus máximas cotas de originalidad y genialidad, los arquitectos Lluís Domènech i Montaner y Josep Puig i Cadafalch.

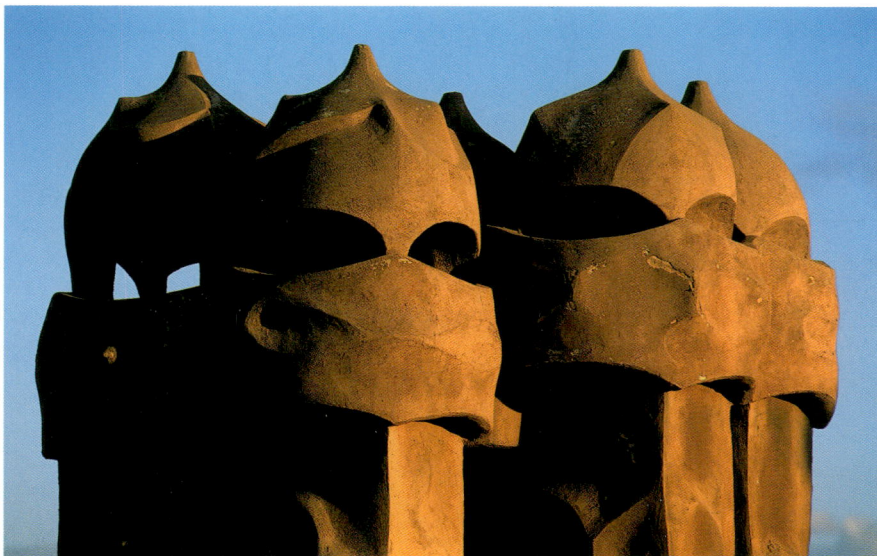

Chimeneas de la Casa Milà

Antoni Gaudí nació en 1852 en la ciudad de Reus, en la provincia de Tarragona, y desde muy joven se fijó en la labor manual de los obreros que trabajaban el metal en la fundición de su padre. También se movió en un ambiente burgués e industrial, así que años más tarde, cuando se trasladó a Barcelona para estudiar y trabajar, pudo entender la psicología de la nueva burguesía barcelonesa y supo ganarse la amistad y la protección de ilustres personajes de la época. Sus contemporáneos se asustaron ante la magnitud del proyecto de la Sagrada Família, ante sus dificultades técnicas y ante su extrema originalidad, pero Gaudí pudo convencerlos e inició un proyecto que representa, al menos en potencia, la obra más importante en arte religioso concebida en los últimos dos siglos, pese a que lo que hoy se puede contemplar es una mínima parte del conjunto. Él mismo dijo de sus proyectos: "Si son buenos, ya se encargarán las nuevas generaciones de terminarlos. Y si son malos..., pre-

Escalera de acceso a la galería del Palau Güell

Fotografía © Pere Planells

ferible es que queden a medio construir, pues así resulta-
rá más fácil derruirlos". Un mal día de 1926, Gaudí murió
atropellado por un tranvía, pocas horas después de haber
comulgado, pero hoy la Sagrada Família, un proyecto tan
genial como monumental, sigue en fase de construcción
y a pesar de estar incompleta continúa siendo una de las
joyas de una Ruta del Modernismo, perfectamente señali-
zada, que incluye 50 edificios de Barcelona.

Cúpulas del Hospital de Sant Pau

Fotografía © Melba Levick

Fotografía pág. 11 © Pere Planells

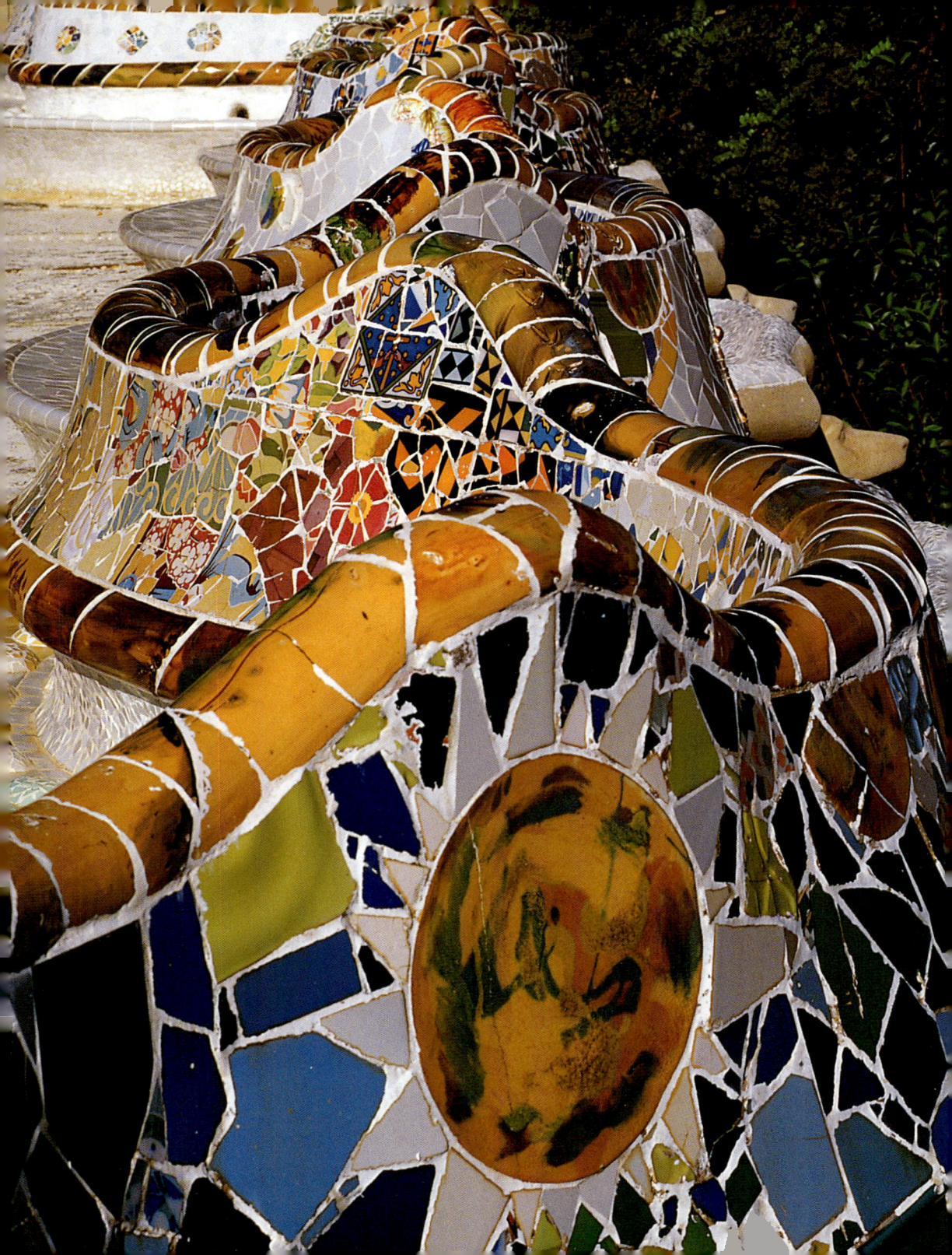

Palau Güell 1866

Antoni Gaudí

Nou de la Rambla, 3-5

El Palau Güell, declarado patrimonio de la humanidad por la Unesco, es el primer edificio con el que Gaudí despliega su talento. Los primeros planos datan de 1886 y corresponden al encargo de su gran mecenas, Eusebi Güell (1846-1918), un destacado miembro de la burguesía catalana. La amistad y el entusiasmo que les unía hizo que rectificaran los planos hasta 30 veces, lo que llevó a un proyecto sin límite de presupuesto que dio lugar a la casa más cara de la época: la mejor piedra, el mejor hierro forjado y la mejor ebanistería. El resultado es un edificio único en el núcleo histórico de Barcelona; la ciudad no contaba con espacios edificables dentro de las murallas, y por eso la mayor parte de la obra modernista se encuentra en la zona de crecimiento del Eixample.

El Palau Güell cumplía con una importante función social y política, era lugar para la celebración de conciertos de cámara así como alojamiento para los invitados de la familia. Güell no vivió allí durante muchos años, pero sus allegados sí lo convirtieron en su residencia hasta que fue confiscado por los anarquistas en la Guerra Civil (1936-1939), cuando pasó a ser caserna para las tropas e incluso albergó un centro carcelario en los sótanos. Esta circunstancia y la creciente degradación social del barrio hizo que la familia cediese el edificio a la Diputación de Barcelona, actual propietaria, que lo ha convertido en el punto de partida de la Ruta del Modernismo.

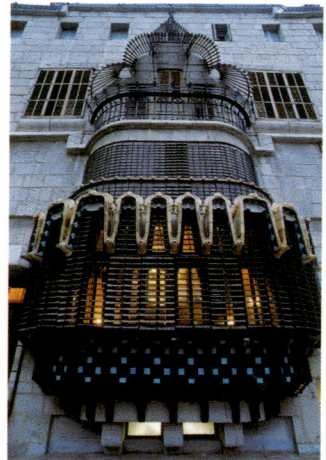

En el interior destacan la experimentación con las estructuras de construcción, la organización de los espacios de acuerdo con espectaculares arcos parabólicos y una disposición de las salas de recepción y las zonas privadas que da buena cuenta de los rituales sociales que desarrolló la burguesía de finales de siglo.

Fotografías © Pere Planells

Gaudí consideraba que la cúpula de Santa Sofía de Estambul era la mejor creación del reinado de Justiniano. En el Palau Güell recreó esta forma, símbolo del cosmos, en una combinación de luces y sombras.

En la azotea se cuentan más de veinte chimeneas de múltiples formas en las que se empleó más de una técnica de construcción: ladrillo, tabique revocado y cerámica troceada.

Mercat de la Boqueria 1874

Josep Oriol Mestres

Rambla Caputxins, 91

Aunque la primera piedra del mercado tal y como lo conocemos actualmente fue colocada en 1840 según un proyecto de Oriol Mestres, lo cierto es que la historia de su tradición se remonta al año 1217. Los alrededores del convento de Sant Josep, emplazamiento que da lugar al nombre oficial del mercado, fueron el punto de reunión de la payesía barcelonesa hasta que el convento –tras un incendio provocado por las revueltas populares de principios del siglo XIX–, fue derruido y el Ayuntamiento concedió los permisos para erigir el mercado. Inicialmente fue concebido como una plaza porticada, pero las quejas de compradores y vendedores lograron que fuera cubierto por primera vez en 1874, en una actuación que tapió los intercolumnados para sostener la estructura metálica del techo. De esta manera pasó a formar parte de la monumentalidad de la ciudad industrial.

El nombre popular con el que se conoce, Mercat de la Boqueria, es de origen incierto; un historiador del siglo XVIII lo atribuye al anonadamiento de los viandantes de la Rambla al pasar por delante de las puertas de estilo arabesco que el conde Berenguer IV se llevó como botín de guerra en la toma de Almería y que fueron instaladas en las murallas barcelonesas. También podría derivar de la carne de *boc* que vendían los carniceros. En cualquier caso, hoy es el mercado más popular de Barcelona y una exhibición inigualable de productos de alta calidad, un verdadero festival de color que muestra un amplio surtido de productos mediterráneos.

En honor de la grandeza gastronómica que alberga el mercado, nada mejor que el espectacular pórtico modernista que corona la entrada del mercado, justo en plena Rambla, donde predomina el colorido y el fluir de las gentes entre una veintena de puestos que llevan vendiendo flores todos los días desde 1853.

Fotografías © Melba Levick (pág. 16) © Miquel Tres (pág. 17)

17

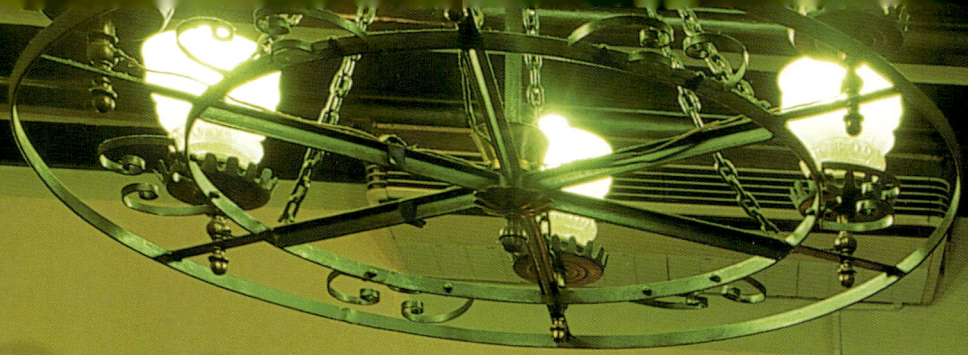

Els 4 Gats 1894

Josep Puig i Cadafalch

Montsió, 3

Esta cervecería modernista se halla envuelta en un gran simbolismo debido a que constituyó el centro de reunión del círculo bohemio de la sociedad barcelonesa entre finales del siglo XIX y principios del XX. El edificio y el local se han restaurado y han recuperado el aspecto que tenía el café, diseñado y decorado por Puig i Cadafalch entre 1894 y 1896. Destacan los motivos neogóticos tan propios del Modernismo y también los elementos de la arquitectura popular y el folclore catalán. Es una construcción de grandes ventanas ojivales y magníficas vidrieras de colores, en la que cobra gran importancia el diseño de interiores, con largas mesas de nogal, sillas con respaldos altos y torneados y una iluminación de estilo claramente medieval.

Fue fundado por hijos de la burguesía floreciente, una nueva generación ávida de disfrutar de la riqueza acumulada. En el local se respiraba una atmósfera muy particular, y albergaba continuas exposiciones de pintura, numerosas tertulias literarias y frecuentes representaciones de marionetas y sombras chinas que reunían el ambiente más efervescente de la ciudad. El mismo Pablo Picasso empezó a frecuentar Els 4 Gats en 1899, y al año siguiente, cuando contaba 19 años, organizó aquí su primera exposición pública.

Los promotores de esta idea, Ramon Casas, Santiago Rusiñol, Miquel Utrillo y Pere Romeu, propietario del local, buscaban un espacio similar a los que habían conocido en París, un lugar donde dominaran la libertad y la sinceridad creativa.

Fotografías © Melba Levick

El local estaba decorado con plafones de Ramon Casas en una clara alusión a los siglos XIX y XX.

Palau de la Música Catalana 1905

Lluís Domènech i Montaner

Sant Pere Més Alt, 13

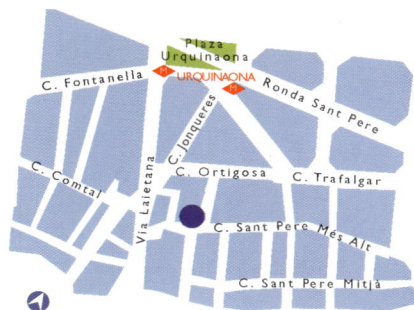

El Palau de la Música Catalana, declarado patrimonio de la humanidad por la Unesco, es un monumento excepcional del Modernismo catalán y la obra maestra del arquitecto e historiador Lluís Domènech i Montaner. De hecho, esta construcción simboliza la confluencia del sentimiento nacionalista catalán y la cultura internacional, una de las ambiciones de la burguesía catalana de aquel cambio de siglo.

El edificio se construyó entre 1905 y 1908 por encargo del Orfeó Català, una institución fundada por Lluís Millet para difundir y fomentar la música popular catalana. La obra conjuga deliciosamente la obra arquitectónica y las artes plásticas, como puede verse en su fachada principal, donde destacan diferentes esculturas y la policromía de sus mosaicos de cerámica. La misma sensación se tiene en el vestíbulo, donde los arcos, las columnas y las majestuosas escaleras se complementan con la delicadeza de las vidrieras interiores y los mosaicos de las paredes y los techos. Sin duda, el marco es incomparable para la audición de un concierto, ya que la fusión de la música con el espacio interior crea una atmósfera casi celestial. En 1989, el edificio fue reformado y ampliado respetando su estilo original.

En el interior de la sala de conciertos, todos los detalles decorativos quedan realzados por la luz natural que penetra a través de la gran cúpula de vidrio policromado y el magnífico muro lateral de vidrieras.

Fotografías © Melba Levick

La Casa Calvet es un edificio de viviendas construido por Gaudí entre 1898 y 1900 por encargo del fabricante de tejidos Pere M. Calvet.

Casa Calvet 1900

Antoni Gaudí

Casp, 48

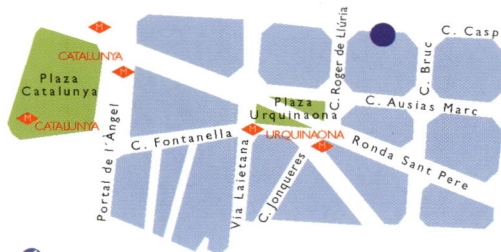

Su mayor relevancia radica en ser la primera obra de Gaudí en el Eixample, ya que desde el punto de vista arquitectónico es un trabajo de transición entre el primer historicismo, que se nutría de fuentes muy diversas, y la fase de consolidación de su estilo modernista. Prueba de ello es el contraste entre la fachada plana y la sensación de movimiento que inspiran los balcones, la tribuna y los frontones, que ya anuncian la pasión por la línea curva tan propia del estilo modernista.

Dado que es un edificio de viviendas, no están permitidas las visitas, así que sólo se puede apreciar la entrada del vestíbulo. Es una pena, porque Gaudí proyectó todos los pisos con un diseño diferente y sus mejores logros corresponden a elementos interiores como el mobiliario, las mirillas y los pomos de las puertas. Lo que sí se puede contemplar es la placa que luce la fachada, que informa de la concesión de un premio municipal al mejor edificio del año 1900, el único galardón que se le concedió a Gaudí a lo largo de su vida, ya que su pleno reconocimiento artístico tardó varios años en llegar. Sí se puede disfrutar, en cambio, del local ocupado por el restaurante Casa Calvet que, además de ofrecer una buena gastronomía, ha sabido conservar intacto el mobiliario del despacho personal del antiguo propietario, donde administraba sus negocios textiles, y también algunos elementos de aquella decoración modernista, como las vigas del techo, los bancos de madera de doble cara adosados al muro, la carpintería que separaba los despachos y otros detalles.

Fotografías © Pere Planells

A partir de esta obra, el mobiliario de Gaudí cobró una gran importancia, hasta el punto de que puede equipararse al valor de los mismos edificios en los que se integra.

Casa Lleó Morera 1902

Lluís Domènech i Montaner

Paseo de Gràcia, 35

Rambla Catalunya — PASSEIG DE GRÀCIA — C. Aragó — Paseo de Gràcia — C. Consell de Cent — PASSEIG DE GRÀCIA — C. Pau Claris

El paseo de Gràcia fue inaugurado en 1827 como vía de comunicación entre la antigua ciudad de Barcelona y la cercana villa de Gràcia, pero a medida que el Eixample se fue desarrollando, el paseo se convirtió en el centro comercial de la ciudad, en la calle residencial de la burguesía y en la zona de los paseos más elegantes. Los edificios residenciales de la alta burguesía, por tanto, son en muchas ocasiones reformas de construcciones preexistentes, como ocurre con la Casa Lleó Morera, obra del arquitecto Domènech i Montaner, autor también del Palau de la Música Catalana y del Hospital de Sant Pau.

Las obras de reforma de la Casa Lleó Morera se llevaron a cabo entre 1902 y 1906, y el resultado fue uno de los edificios residenciales más completos, y hoy mejor conservados, gracias a la gran variedad de elementos decorativos modernistas, entre los que destacan la luminosidad y el colorido de sus vidrieras y mosaicos así como sus elegantes realizaciones en marquetería y escultura. Igualmente representativo de la euforia que se vivía en la época son las figuras de las ventanas y balcones del segundo piso, unas musas que se alzan en un gran culto a los inventos modernos: el gramófono, la bombilla eléctrica, la cámara fotográfica, el teléfono...

Junto a este edificio se encuentran la Casa Amatller, de Puig i Cadafalch, y la Casa Batlló, reformada y ampliada por Antoni Gaudí. Estas tres construcciones conforman un núcleo que conjuga una variedad arquitectónica tan excepcional que el conjunto ha sido bautizado con el nombre de "manzana de la discordia". En la calle Aragó se encuentra también la editorial Montaner i Simon (sede actual de la Fundació Tàpies), obra del mismo Domènech i Montaner.

Se conservan los mosaicos, los parqués y los relieves de las puertas. Estos últimos explican la "rondalla de la mala dida" (leyenda de la nodriza), pues se dice que mientras Domènech construía la casa, los propietarios perdieron a un hijo recién nacido.

Fotografías © Melba Levick

Casa Amatller 1898

Josep Puig i Cadafalch

Paseo de Gràcia, 41

ntoni Amatller, un fabricante de chocolate, encargó a Puig i Cadafalch en 1898 el proyecto de reforma de la casa que había comprado en el paseo de Gràcia. El arquitecto desarrolló una visión historicista que combina el florecimiento económico de la Cataluña de aquella época con las glorias nacionales del periodo medieval; el edificio conjuga una mezcla de arquitectura gótica catalana y algunas influencias nórdicas. La fachada muestra, además, la importancia de las artes decorativas aplicadas a la arquitectura modernista: esgrafiados geométricos, composiciones cerámicas, barandillas de hierro forjado, trabajos de vidriería y diferentes motivos escultóricos que son una ejemplo más de la gran cantidad de artistas y artesanos que participaron en estas obras.

Puig i Cadafalch llevó a cabo también obras y planos para la plaza Catalunya y la Exposición Universal de 1929, y es autor de otros edificios destacados como la Casa Martí, la Casa Macaya o la Casa de les Punxes. A su actividad como arquitecto unió su intensa dedicación política, que en 1917 le llevó a ser presidir la Mancomunitat de Catalunya.

Hoy, en la Casa Amatller sólo es posible acceder al vestíbulo, punto de información y venta de pases de la Ruta del Modernismo; el edifico alberga viviendas particulares y el Institut Amatller de l'Art Hispànic, creado por la hija del propietario en 1941.

La silueta escalonada que corona el edificio recuerda a la arquitectura propia de los Países Bajos, reminiscencia que evidencia los conocimientos adquiridos por Puig i Cadafalch en sus viajes por Europa.

Fotografías © Melba Levick

La fachada cuenta con tres elementos destacados: el revestimiento general con fragmentos de cerámica policromada, los balcones a modo de antifaz de hierro y una cubierta ondulada que representa una alegoría de un pasaje de la leyenda de Sant Jordi, la muerte del dragón, con la lanza en primer término. Todo con un predominio de las líneas curvas que ya anunciaba el estilo que imprimiría a la Pedrera inmediatamente después.

Casa Batlló 1905

Antoni Gaudí

Paseo de Gràcia, 43

La Casa Batlló es uno de los edificios más bellos de Barcelona. Junto al Palau Güell, la Casa Calvet y la Casa Milà (la Pedrera), es una las construcciones residenciales que Gaudí llevó a cabo para la alta burguesía de la época; sin embargo, es ésta la que transmite una sensación más mágica y fantástica, sobre todo de noche.

El proyecto se desarrolló entre los años 1905 y 1907, y consistió en la reforma y ampliación de un antiguo edificio del paseo de Gràcia. Uno de los objetivos fue replantear los patios interiores para mejorar la luminosidad, para lo cual se emplearon fórmulas que representan el equilibrio perfecto entre la imaginación artística y la solución práctica: dos claraboyas permiten que la luz fluya hasta la planta baja, donde el patio de luces distribuye de forma homogénea la claridad gracias a una gradación cromática vertical del recubrimiento de cerámica (de azul oscuro a blanco en sentido descendente). Además, la luz penetra por igual a través de todas las ventanas, ya que éstas aumentan de tamaño en los pisos inferiores.

Por otro lado, se planteó una fachada acorde con los nuevos criterios de modernidad. El eje de la concepción arquitectónica de Gaudí quedó aquí bien representado: legitimar la imaginación artística sobre los diseños puramente utilitarios, acercarnos a la naturaleza mediante la incorporación de elementos orgánicos y biológicos y revitalizar la identidad catalana mediante los símbolos del pasado medieval.

Gaudí también se encargó del diseño de interiores; se cuentan en su
haber una escalera principal que se
ha comparado con un esqueleto de
dinosaurio, unos muros que recuer-
dan el interior de una cueva, el predominio de la curva hasta conseguir
estancias sin apenas ángulos rectos,
e incluso el diseño del mobiliario, del
que se conservan muy pocas piezas.

Es notable la simplicidad de la primera parte, de Domènech i Estapà,
en contraste con el exterior del
segundo piso, donde Domènech i
Montaner concentra una profusa
decoración cerámica y escultórica.

Palau Montaner 1889

Lluís Domènech i Montaner

Mallorca, 278

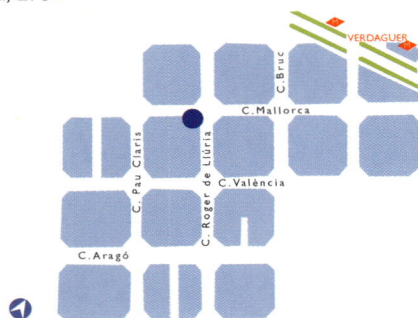

L a antigua casa de la familia Montaner es una de las obras de juventud del arquitecto Domènech i Montaner. Fue Domènech i Estapà quien en 1889 proyectó, e inició, la construcción de un edificio aislado para uno de los propietarios de la editorial Montaner i Simon, en la misma manzana donde él mismo se hacía cargo del Palau Simon, hoy desaparecido. Por desavenencias con el propietario, Domènech i Estapà abandonó la obra en 1891, cuando ya se habían levantado las dos primeras plantas, y fue Domènech i Montaner quien retomó el proyecto y llevó a cabo la última planta y el diseño de la ornamentación interior.

El Palau Montaner muestra elementos premodernistas y modernistas que luego se desarrollan en la obra de Domènech i Montaner, que en esta ocasión ya cuenta con los que con el tiempo serán sus colaboradores habituales: el vidriero Rigalt, el escultor Arnau y el ebanista Homar. Lo más destacable del interior del edificio es la riqueza espacial y decorativa de la entrada, con una majestuosa escalinata y un pasillo volado en el primer piso. El conjunto se completa con una claraboya de vidrio que proporciona una buena iluminación y con cuidados trabajos de artes plásticas bien integrados en la arquitectura, como las esculturas, los mosaicos y los trabajos en madera. Desde 1980, y después de haber cumplido diferentes funciones como edificio público, el Palau Montaner acoge la sede de la delegación del Gobierno en Cataluña.

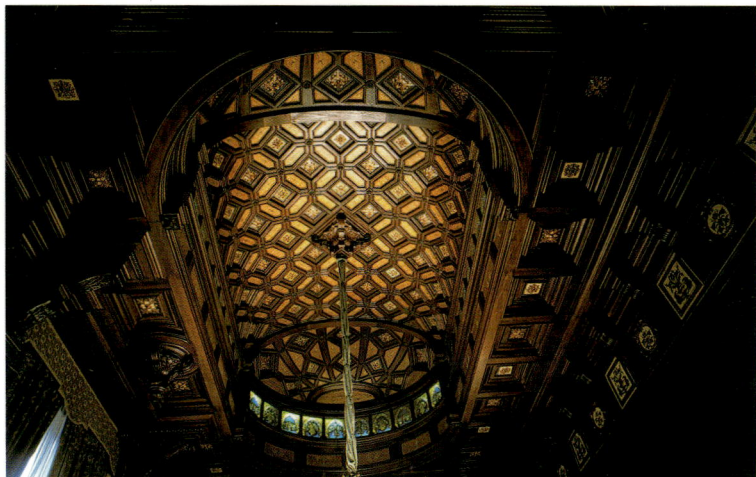

La sorprendente distribución espacial del interior se completaba con una gran ornamentación a base de tapices y piezas textiles. Todos estos elementos fueron trasladados, tras la venta del edificio, al castillo de Santa Florentina, en Canet de Mar, donde permanecen.

En 1984, la Pedrera fue declarada patrimonio de la humanidad por la Unesco. Actualmente es la sede de la Fundació Caixa Catalunya, una institución que ha invertido más de 8.000 millones de pesetas y 10 años de trabajo en la rehabilitación de la obra original de Gaudí, ya que el edificio había sufrido diferentes modificaciones en el transcurso de los años.

Casa Milà, la Pedrera

Antoni Gaudí   1906

Paseo de Gràcia, 92

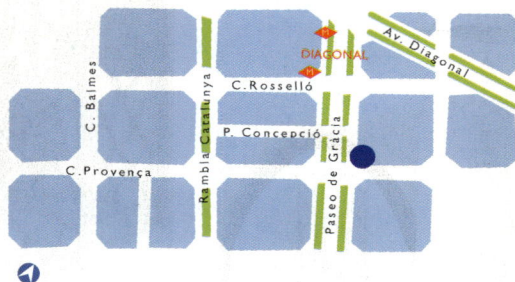

La Pedrera es uno de los edificios más emblemáticos de Barcelona, y también la obra culminante de la arquitectura civil de Gaudí, ya que después se dedicó exclusivamente a la construcción de la Sagrada Família. La casa se hizo por encargo del comerciante barcelonés Pere Milà, y cuando se construyó, entre 1906 y 1912, recibió el nombre popular de la Pedrera debido a la impresión que causó una fachada de piedra de tales proporciones. Hay que entender este sobrenombre como una prueba de las burlas, la incomprensión y las controversias que en aquellos años creaba la obra de Gaudí. La forma de peñasco quiere reproducir el mítico Montsalvat y debía ser coronado con una estatua de bronce dorado con una imagen de la Virgen de 4,5 m de altura, pero las tensiones sociales hicieron que el propietario desestimase el proyecto. La fachada actual está concebida como una escultura gigantesca, un paisaje geológico formado por cuevas marinas que hacen del conjunto una pura exaltación de la línea curva.

El vestíbulo, de forma circular, corresponde a lo que fue la cochera y da acceso al antiguo garaje subterráneo, hoy convertido en auditorio.

Fotografías © Pere Planells

50

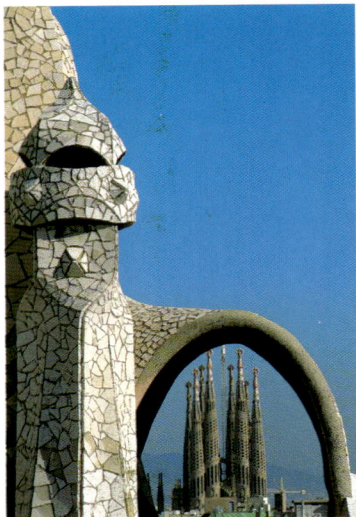

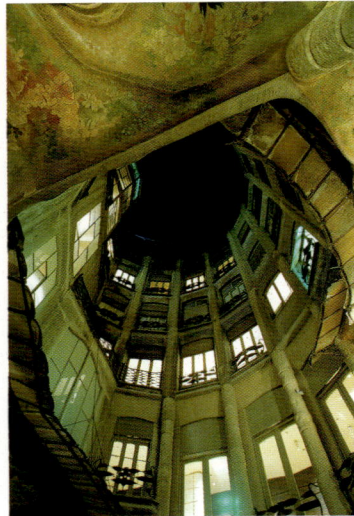

El edificio alberga una sala de exposiciones, un piso ambientado en la época y una extraordinaria azotea desde donde se puede ver el Eixample y otras obras de Gaudí, como la Casa Batlló, la Sagrada Família y el Parc Güell, y donde destacan sus esculturales chimeneas.

En la página siguiente, la escalera que accede al primer piso, donde vivía la familia Milà, es una verdadera delicia, tanto por las barandillas de hierro forjado como por la decoración de los techos y las paredes, todo ello envuelto en un halo de calidez muy particular.

Casa Terrades,
Casa de les Punxes 1903

Josep Puig i Cadafalch

Diagonal, 416

53

La Casa de les Punxes es obra del arquitecto Puig i Cadafalch, que se ocupó de la construcción entre 1903 y 1905, cumpliendo el encargo de tres hermanas de la familia Terrades y partiendo de la reforma de tres casas preexistentes.

Fotografías © Melba Levick

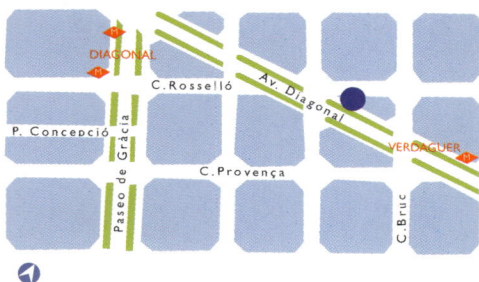

La Casa Terrades se conoce popularmente como la Casa de les Punxes por la forma de sus seis torres circulares, semejantes a los sombreros de las brujas, que se alzan en cada una de las esquinas. Esta es la obra de mayor envergadura de Puig i Cadafalch, cuyo resultado conforma un edificio muy singular en sus líneas y realmente excepcional en el Eixample por dos motivos: primero, porque muestra sus seis fachadas a los cuatro vientos extendiéndose en una manzana de formas irregulares, cuando lo habitual es un volumen rectangular que deja a la vista una sola fachada (o como máximo las que forman la esquina). Y segundo, porque es un edificio concebido con una extraordinaria espaciosidad.

Además, esta originalidad se completa con una rica combinación de influencias: la estilización de los rasgos medievales tradicionales, la singularidad de las torretas de inspiración gótica noreuropea y las influencias renacentistas, hasta el punto de convertir un edificio de viviendas en un castillo en medio de la ciudad. Más típicamente modernista es el empleo del ladrillo rojo y también cómo se han complementado los diferentes estilos arquitectónicos con las artes plásticas y los trabajos en hierro forjado, y las piezas de cerámica vidriada con temas florales, heráldicos y femeninos. También modernista y muy representativa de la época es la figura de Sant Jordi, el patrón de Cataluña, con la leyenda *torneu-nos la llibertat* (devolvednos la libertad).

Templo de la Sagrada Família 1881

Antoni Gaudí

Pl. de la Sagrada Família

La Sagrada Família es el gran símbolo de la arquitectura modernista de Barcelona y el proyecto más ambicioso e influyente de Gaudí. Convertida en la obra de su vida, trabajó en ella durante 43 años y hoy sus restos mortales descansan en su cripta.

En 1881, la construcción fue encargada al arquitecto Francesc Villar, quien trazó los primeros planos, según los principios del arte gótico, e inició la construcción. Cuando se estaba acabando la cripta, la obra fue encomendada a Gaudí, que se propuso crear un estilo nuevo en arquitectura religiosa. Terminó la cripta según los planos originales y luego empezó a modificar todo el proyecto elevándolo en magnitud, en dificultad técnica y en originalidad. La gran cantidad de ensayos desborda el campo de la construcción y se adentra en el de la música, el trabajo y la religión. El propio Gaudí cuidó personalmente todos los detalles, modificando continuamente el proyecto sobre la marcha, apartándose definitivamente del gótico tradicional y haciendo de la originalidad y el simbolismo sus mejores argumentos.

La fachada de la Natividad, terminada en 1904, es la parte más completa del proyecto, con representaciones de la Fe, la Esperanza y la Caridad, y escenas de la Natividad y la infancia de Cristo, además de otros elementos como las palomas blancas, que simbolizan los fieles.

La Sagrada Família no se parece a ningún otro edificio del mundo. Teniendo en cuenta que la construcción actual es sólo una pequeña parte del proyecto (se han terminado las puertas laterales y aún falta una aguja central mucho más alta y voluminosa que las ya levantadas), no es fácil hacerse una idea, ni siquiera aproximada, de lo que será su envergadura una vez acabada.

Fotografías © Pere Planells

La fachada de la Pasión fue terminada por Josep Maria Subirachs en los
años ochenta, y muestra menos
recuerdos visuales a la naturaleza y
un predominio inusual de los ángulos y las aristas.

Cuando se completen las doce agujas previstas, rematadas con mosaicos venecianos, quedarán representados los doce apóstoles. De momento, se puede ascender por alguna de estas agujas a través de una impresionante escalera de caracol formada por 400 empinados peldaños de piedra. Hoy, mientras millones de personas de todo el mundo acuden a visitarla, las obras de la Sagrada Família siguen adelante, no sin polémicas, y financiadas por suscripción pública.

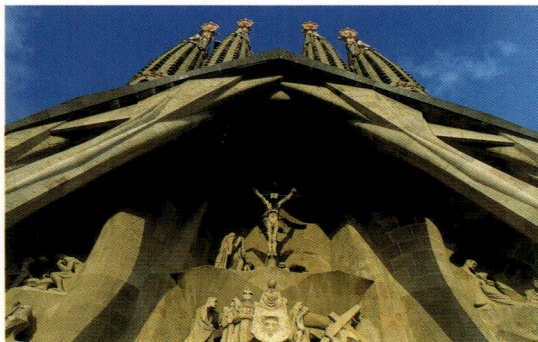

Hospital de la Santa Creu i Sant Pau 1905

Lluís Domènech i Montaner

Sant Antoni Maria Claret, 167

61

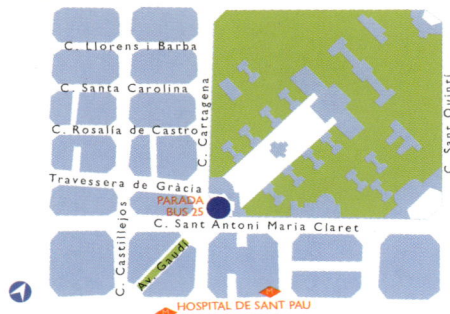

Los terrenos en los que se encuentra el hospital fueron adquiridos gracias al donativo del banquero Pau Gil i Serra, quien dispuso en el momento de su muerte que se construyera un centro sanitario. El proyecto fue iniciado por el arquitecto Domènech i Montaner, que concibió lo que se considera el mejor conjunto modernista de Europa, y posteriormente terminado por su hijo.

Destaca la concepción innovadora de la distribución de los edificios, que configura el complejo como si se tratara de un jardín, creando una atmósfera tan agradable como moderna en la época, y solucionando la funcionalidad mediante túneles subterráneos que conectan las distintas dependencias.

Arquitectónicamente, sobresale la riqueza de los materiales empleados (piedra, hierro y cerámica), y los trabajos de ornamentación, con estilizaciones florales y aplicaciones cerámicas, así como las referencias a la historia de Cataluña, que se pueden observar en murales y detalles arquitectónicos. Desde un punto de vista urbanístico, es significativo cómo el hospital se orienta en diagonal hacia la Sagrada Família, encarando la avenida Gaudí y rompiendo de esta forma la rigidez de la cuadrícula urbanística del Eixample.

Fotografías © Melba Levick

El conjunto hopitalario proyectado preveía 48 pabellones dispuestos en una trama urbanística de ciudad jardín, con calles de 30 m de ancho y dos avenidas de 50 m que actuaban como ejes.

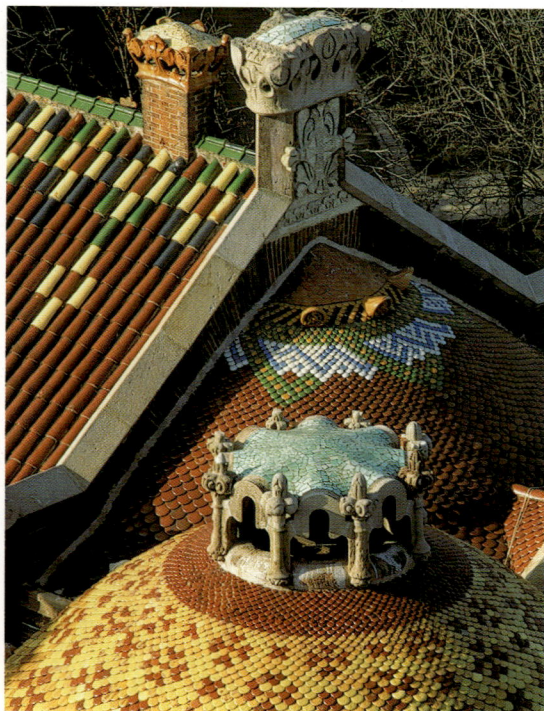

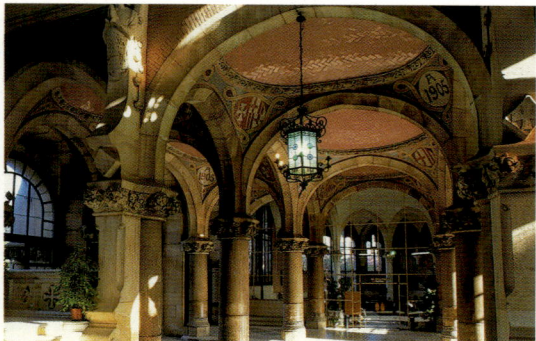

Eusebi Güell se trasladó del Palau Güell a su residencia en este complejo y aquí vivió hasta su muerte. En 1922, el parque fue cedido a la ciudad. Lo que hoy se puede ver es un gran proyecto urbanístico y residencial, totalmente reconvertido e inacabado.

Parc Güell,

Casa Museu Gaudí 1900

Antoni Gaudí

Olot, s/n

65

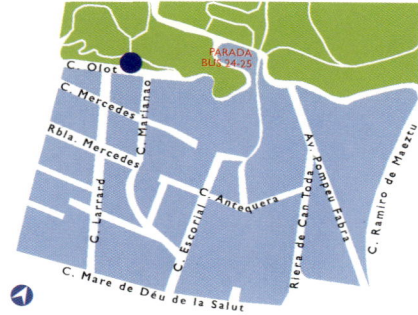

El Parc Güell es un proyecto de ciudad jardín al estilo de los suburbios ajardinados de Inglaterra. En el año 1900, se intentó atraer a la alta burguesía barcelonesa a esta zona residencial, pero la iniciativa no tuvo éxito. Es posible que las dificultades de acceso fueran un inconveniente, pero también es cierto que los numerosos símbolos nacionalistas catalanes que alberga el conjunto desanimaran a la burguesía de la época.

Fue residencia de su arquitecto hasta que se instaló definitivamente en el templo de la Sagrada Família, al que se trasladaba diariamente a pie.

Gaudí proyectó una magnífica obra de adaptación al terreno y consiguió una gran armonía con la plena integración de la arquitectura en el paisaje. De aquel proyecto se conserva la entrada principal, la sala hipòstila, el sistema de viaductos y contrafuertes de piedra –construidos para salvar los desniveles– y su emblemática plaza, donde destacan las ondulaciones de sus bancos revestidos de cerámica policroma.

Fotografías © Pere Planells

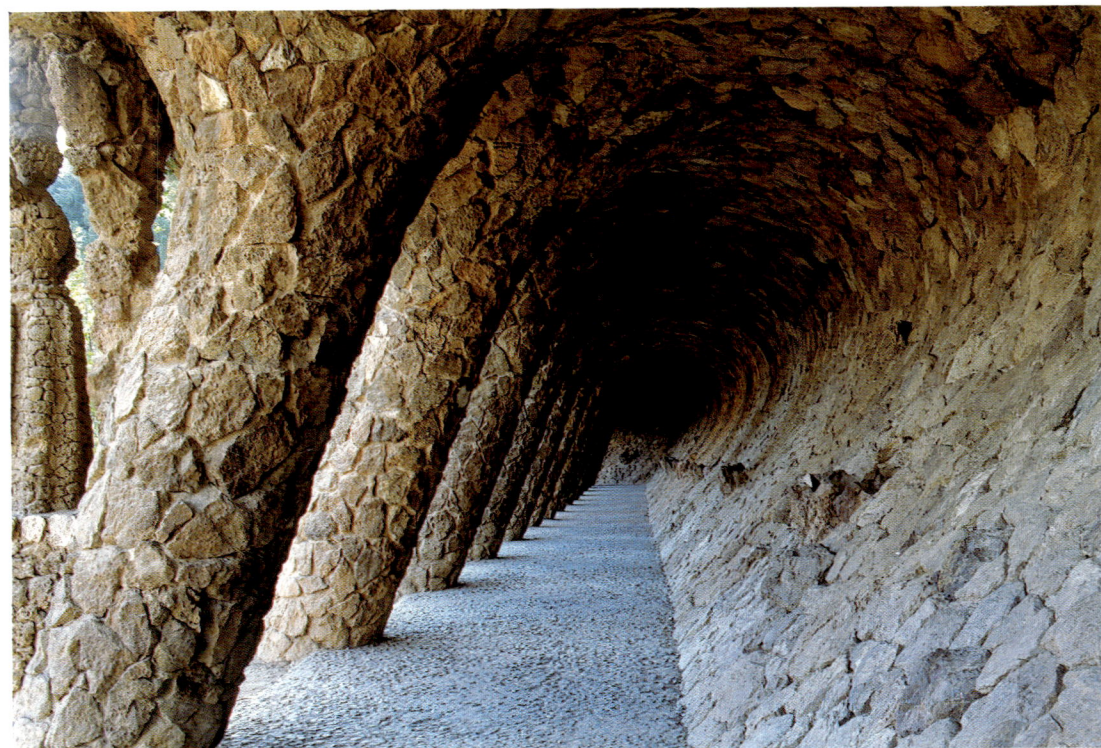

Es interesante cómo Gaudí llena de referencias a la naturaleza las casas que construye en la ciudad, y cómo aquí diseña un parque poblado de elementos urbanos –bancos, columnas, esculturas–, como si en todas sus obras tuviera la necesidad de fundir ambas creaciones. En 1984, el parque fue declarado patrimonio de la humanidad por la Unesco, y actualmente alberga la Casa Museu Gaudí.

Cuando el crecimiento de la ciudad unió la villa de Gràcia con Barcelona, la calle Carolines tuvo que ser ensanchada y la Casa Vicens perdió una glorieta, la fuente y parte del jardín que la rodeaba.

Casa Vicens 1883

Antoni Gaudí

Carolines, 18-24

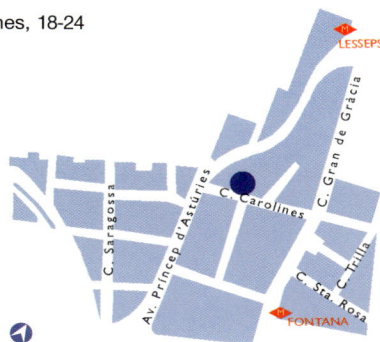

Tras la colaboración en la fuente del parque de la Ciutadella, la Casa Vicens es la primera obra de Gaudí y refleja la ilusión del arquitecto en sus primeros encargos. La Casa Vicens es una vivienda unifamiliar construida entre 1883 y 1888 para Manuel Vicens, un fabricante de baldosas, y lo cierto es que Gaudí hizo buen uso de ese material al combinarlo con la piedra y el ladrillo de construcción.

En esta primera obra ya se advierte que el joven Gaudí no va a seguir las pautas de la escuela francesa, predominante en ese momento, sino que evitará al máximo las líneas rectas, buscará la inspiración en las formas medievales y en el arte mudéjar, y apostará fuerte por los juegos de azulejos como técnica de ornamentación de la fachada.

La casa está envuelta en combinaciones geométricas resueltas con gran habilidad: franjas horizontales en la planta baja y pilares en los pisos superiores, cuyas formas se acentúan con la cerámica barnizada. Igualmente interesante es la reja de hierro forjado de la entrada, que reproduce motivos vegetales, y también el diseño de interiores, intensamente trabajado por varios artistas que dieron a cada estancia una atmósfera diferente, sentando las bases de lo que posteriormente será una continua fusión entre la arquitectura y el resto de las artes plásticas. Desafortunadamente, al ser una vivienda particular el interior de la casa no puede visitarse.

Más tarde (1925-1927), el arquitecto Serra de Martínez procedió a una ampliación aunque siguió criterios respetuosos y se mantuvo fiel a las formas y colores originales. En 1927, la Casa Vicens recibió el premio del Ayuntamiento al mejor edificio.

Detalles pertenecientes a la sala de fumadores, una de las piezas más relevantes de la primera época de Gaudí. Este espacio reducido que se ventila gracias a una puerta estrecha que da al jardín parece extraído de las *Mil y una noches*, aunque con una interpretación muy personal.

El suelo del comedor es de mosaico romano, la chimenea está revestida de cerámica barnizada y las cerraduras de los armarios (todas distintas) fueron diseñadas por Gaudí, que poseía un profundo conocimiento de los oficios complementarios de la construcción.

La Ruta del Modernismo. Continuación

Empieza en la página 3

16. Farolas de la plaza Reial 1878

Plaza Reial

17. Hotel España 1903

Sant Pau, 9-11

18. Hotel Peninsular

Sant Pau, 34

19. Cafè de l'Òpera 1929

Rambla Caputxins, 74

20. Casa Dr. Genové

Rambla Caputxins, 77

21. Antigua Casa Figueres 1902

Rambla Caputxins, 83

22. R. Acadèmia de Ciències i Arts 1883

Rambla Caputxins, 115

23. Farmacia Nadal 1850

Rambla Caputxins, 121

24. Ateneu Barcelonès 1836

Canuda, 6

26. Casa Pascual i Pons 1891

Paseo de Gràcia, 2-4

25. Catalana de Gas 1895

Portal de l'Àngel, 20-22

27. Forn Sarret

Girona, 73

28. Cases Rocamora 1917

Paseo de Gràcia, 6-14

74

29. Editorial Montaner i Simon 1880

Aragó, 255

30. Casa Dolors Calm 1902

Rambla Catalunya, 54

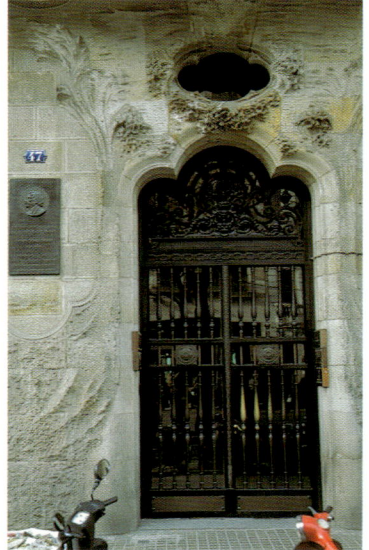

31. Casa Fargas

Rambla Catalunya, 47

32. Farmacia Bolós 1902

Rambla Catalunya, 77

33. Casa Juncosa 1907

Rambla Catalunya, 76-78

34. C. Josep i Ramón Queraltó 1907

Rambla Catalunya, 88

35. Farolas de Pere Falqués 1906

Último tramo del paseo de Gràcia

36. Casa Josefa Villanueva 1909

València, 312

37. Casa Jaume Forn 1904

València, 285

38. Conservatori M. de Música 1916

Eruc, 112

39. Casa Llopis Bofill

Bailèn, 113

40. Casa Thomas 1898

Mallorca, 293

41. Can Serra 1908

Rambla de Catalunya, 126

42. Casa Sayrach 1918

Diagonal, 423

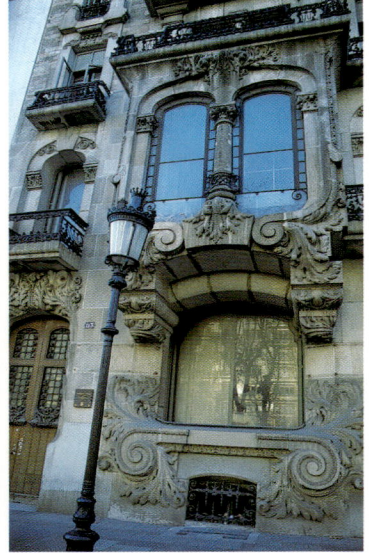

43. Casa Bonaventura Ferrer 1906

Paseo de Gràcia, 113

44. Casa Fuster

Paseo de Gràcia, 132

45. Casa Comalat 1911

Diagonal, 442

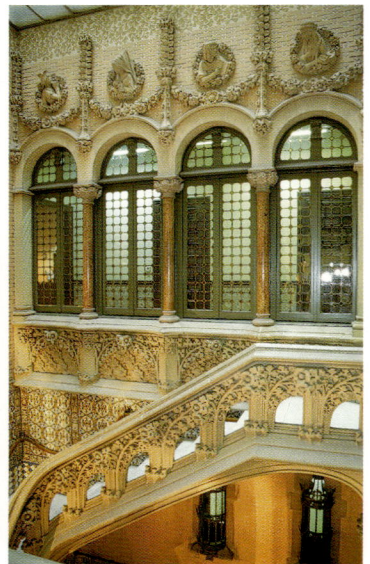

46. Palau del Baró de Quadras 1904

Diagonal, 373

47. Casa Macaya 1901

Paseo Sant de Joan, 108

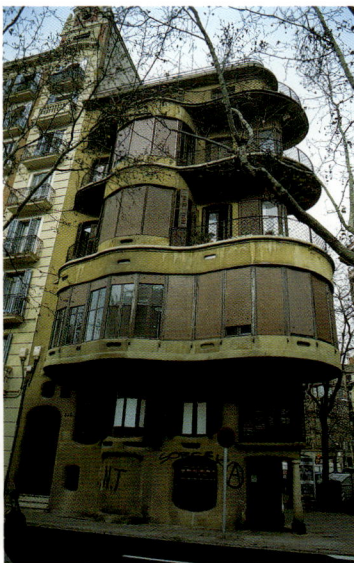

48. Casa Planells 1924

Diagonal, 332

*El museo acoge una rica colección del arte catalán desde mediados del siglo XIX hasta los años treinta.

49. Museu de Zoologia 1888

Parque de la Ciutadella

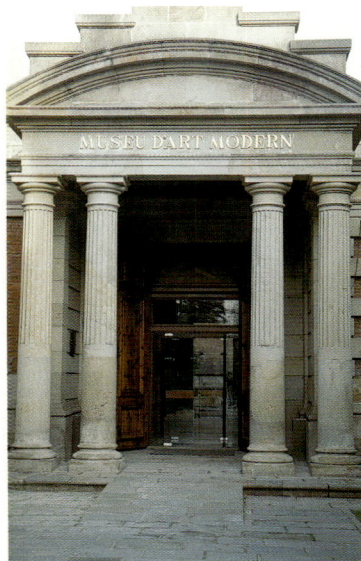

50. Museu d'Art Modern*

Parque de la Ciutadella

Bibliografía:
- Antoni Capilla y Josep M. Huertas. *Ruta del modernisme.* Ed. Mediterrània y Ajuntament de Barcelona, 1998
- J.S. Amelang, X. Gil y G.W. McDonogh. *Dotze passejades per la història de Barcelona.* Olimpiada Cultural y Ajuntament de Barcelona, 1995.
- AA.VV. *La guia RACC de Catalunya.* RACC Club y Edicions 62. Barcelona, 2000
- **Historia de Barcelona.** El Periódico de Catalunya y Ajuntament de Barcelona, 1995.

Fotografías © Miquel Tres:
1, 2, 3, 4, 5, 6, 8, 9, 10, 11, 12, 13, 14, 15, 16, 17, 18, 19, 20, 21, 22, 23, 24, 25, 26, 27, 28, 29, 30, 31, 33, 34, 35, 36, 37, 38, 39, 40, 41, 42, 43, 45, 46, 47, 48, 50.

Fotografías © Melba Levick:
7, 44, 49.

GRÀCIA

EIXAMPLE

CASC ANTIC

TRAVESSERA DE DALT
TRAVESSERA DE GRÀCIA
C. GRAN DE GRACIA
AVENIDA DIAGONAL
DIAGONAL
C. ROSSELLO
C. MALLORCA
C. ARAGO
C. CASP
GRAN VIA DE LES CORTS CATALANES
PASEO DE GRÀCIA
PASSEIG DE GRÀCIA
PASEO DE SANT JOAN
AVENIDA GAUDI
RONDA GUINARDO
C. PI I MARGALL
P. DE L'ANGEL
VIA LAIETANA
RONDA SANT PERE
LA RAMBLA
PLAZA CATALUNYA
PLAZA URQUINAONA
PLAZA REIAL
PARQUE DE LA CIUTADELLA

LESSEPS
FONTANA
VERDAGUER
SAGRADA FAMÍLIA
HOSPITAL DE SANT P
CATALUNYA
URQUINAONA
LICEU

PARADA BUS 24-25
PARADA BUS 24
PARADA BUS 25
PARADA BUS 24

1. Palau Güell
2. Mercat de la Boqueria
3. Els 4 Gats
4. Palau de la Música
5. Casa Calvet
6. Casa Lleó-Morera
7. Casa Amatller. Punto de información de la Ruta del Modernismo
8. Casa Batlló
9. Palau Montaner
10. Casa Milà, la Pedrera
11. Casa Terrades, Casa de les Punxes
12. Templo de la Sagrada Família
13. Hospital de la Santa Creu i Sant Pau
14. Parc Güell, Casa Museu Gaudí
15. Casa Vicens
16. Farolas centrales de la plaza Reial
17. Hotel España
18. Hotel Peninsular
19. Cafè de l'Òpera
20. Casa Dr. Genové
21. Antigua Casa Figueras
22. Reial Acadèmia de Ciències i Arts
23. Farmacia Nadal
24. Ateneu Barcelonès
25. Catalana de Gas
26. Casa Pascual i Pons
27. Forn Sarret
28. Cases Rocamora
29. Editorial Montaner i Simon
30. Casa Dolors Calm
31. Casa Fargas
32. Farmacia Bolós
33. Casa Juncosa
34. Casa Josep i Ramon Queraltó
35. Farolas de Esteve Falqués
36. Casa Josefa Villanuev
37. Casa Jaume Forn
38. Conservatori Municip de Música
39. Casa Llopis i Bofill
40. Casa Thomas
41. Can Serra
42. Casa Sayrach
43. Casa Bonaventura Ferrer
44. Casa Fuster
45. Casa Comalat
46. Palau del Baró de Quadras
47. Casa Macaya
48. Casa Planells
49. Museu de Zoologia
50. Museu d'Art Modern

Información práctica

ⓘ Centre del Modernisme

Paseo de Gràcia, 43 (Casa Ametller)
Tel.: 934 880 139
www.rutamodernisme.com

Horario: laborables de 10 a 19 h y domingos y festivos de 10 a 14 h.

El centro facilita un multipase que da derecho a un descuento del 50% en las entradas de todos los monumentos de la ruta y tiene una validez de un mes. Además, ofrece una explicación sobre las fachadas de la "manzana de la discordia" –Casa Batlló, Casa Ametller y Casa Lleó Morera–, actualmente cerradas, seis veces al día (tabla de horarios en el centro) en español y en inglés.

Otras webs donde puede encontrarse información sobre el Modernismo:
www.gaudiclub.com
www.barcelona-on-line.es
www.horitzo.es/expo2000.

Rutas

Las rutas trazadas en las siguientes explicaciones tienen todas el mismo punto de partida, la plaza Catalunya.

1. Palau Güell

Nou de la Rambla, 3-5
Horario: de 10 a 13.30 h y de 16 a 18.30 h; cerrado domingos y festivos
Acceso de pago
Metro LICEU (línea 3)
Dirigirse por la Rambla en dirección mar hasta la calle Nou de la Rambla, que se encuentra a la derecha.

2. Mercat de la Boqueria

Rambla Caputxins, 91
Entrada libre al recinto en horario de mercado
La Rambla, en dirección mar, lleva hasta la misma puerta, que queda a la derecha.

3. Casa Martí, Els 4 Gats

Montsió, 3
Horario: de 9 a 2 h (de lunes a sábado); 17 a 2 h (domingo)
Metro CATALUNYA (líneas 1 y 3), URQUINAONA (líneas 1 y 4)
Tomar la avenida Portal de l'Àngel hasta encontrar, a la izquierda, la calle Montsió.

4. Palau de la Música Catalana

Sant Pere Més Alt, 13
Horario: de 10 a 15.30 h todos los días
Acceso de pago
Metro URQUINAONA (líneas 1 y 4)
Siguiendo la ronda Sant Pere se llega a la plaza Urquinaona, desde donde se puede tomar la Via Laietana hasta encontrar la calle Sant Pere Més Alt, que queda a la izquierda.

5. Casa Calvet

Casp, 48
No puede visitarse el interior
Metro URQUINAONA (líneas 1 y 4)
Subir por el paseo de Gràcia hasta llegar a la calle Casp, donde hay que girar a la derecha.

6. Casa Lleó Morera

Paseo de Gràcia, 35
No puede visitarse el interior
Bus línea 24. Metro PASSEIG DE GRÀCIA (líneas 2, 3 y 4)
Se encuentra en la acera izquierda del paseo de Gràcia, junto a la Casa Amatller y la Casa Batlló.

7. Casa Amatller

Paseo de Gràcia, 41
No puede visitarse el interior
Bus línea 24. Metro PASSEIG DE GRÀCIA (líneas 2, 3 y 4)
Se encuentra en la acera izquierda del paseo de Gràcia, junto a la Casa Lleó Morera y la Casa Batlló.

8. Casa Batlló

Paseo de Gràcia, 43
No puede visitarse el interior
Bus línea 24. Metro PASSEIG DE GRÀCIA (líneas 2, 3 y 4)
Se encuentra en la acera izquierda del paseo de Gràcia, junto a la Casa Amatller y la Casa Lleó Morera.

9. Palau Montaner

Mallorca, 278

Entrada gratuita

Horario: de 9 a 13 h, excepto domingos y festivos

Metro PASSEIG DE GRÀCIA (líneas 2, 3 y 4)

Encaminarse por el paseo de Gràcia hasta la calle Mallorca y girar a la derecha.

10. Casa Milà, la Pedrera

Paseo de Gràcia, 92

Horario: de 10 a 20 h todos los días

Acceso de pago

Metro DIAGONAL (líneas 3 y 5)

Dirigirse por la acera derecha del paseo de Gràcia hasta la calle Provença; el edificio se halla justo en la confluencia con esta calle.

11. Casa Terrades, Casa de les Punxes

Diagonal, 416

No puede visitarse el interior

Metro DIAGONAL (líneas 3 y 5), VERDAGUER (línea 4)

Subir por el paseo de Gràcia hasta encontrar la calle Rosselló y girar a la derecha hasta la avenida Diagonal; el edificio se halla al otro lado de este paseo.

12. Templo de la Sagrada Família

Plaza Sagrada Família

Horario: de 9 a 18 h de noviembre a febrero; de 9 a 19 h los meses de marzo, septiembre y octubre, y de 9 a 20 h de mayo a agosto

Acceso de pago

Metro SAGRADA FAMÍLIA (líneas 2 y 5)

En la confluencia del paseo de Gràcia con la Gran Via de les Corts Catalanes puede tomarse la línea 2 del metro, que lleva hasta allí sin necesidad de conexiones. El templo se en encuentra en la misma salida.

13. Hospital de Sant Pau

Sant Antoni Maria Claret, 167

Entrada libre al recinto

Metro HOSPITAL DE SANT PAU (línea 5)

En la plaza Catalunya hay acceso a la línea 3 de metro, que hay que tomar hasta la parada DIAGONAL, donde se hace trasbordo a la línea 5 hasta la parada HOSPITAL DE SANT PAU.

14. Parc Güell

Olot, s/n

Horario: para el recinto: de 10 a 18 h de noviembre a febrero; de 10 a 19 h los meses de marzo y octubre; de 10 a 20 h de abril a septiembre, y de 10 a 21 h de mayo a agosto. Para la Casa Museu Gaudí: de 10 a 18 h de noviembre a enero; de 10 h a 17 h los meses de marzo, septiembre y noviembre, y de 9 a 20 h, de mayo a agosto

Entrada libre en el recinto; acceso de pago en la Casa Museu Gaudí

La línea 24 de autobús, con parada junto al El Corte Inglés, lleva hasta Parc Güell. Desde el hospital de Sant Pau también se puede llegar con la línea 25 de autobús.

15. Casa Vicens

Carolines, 18-24

No puede visitarse el interior

Bus línea 24 y metro LESSEPS (línea 3)

Si se toma la línea 3 de metro hasta LESSEPS, se puede bajar a pie por la avenida Príncep d'Astúries hasta la calle Carolines.

Otros títulos publicados en la editorial **Kliczkowski Publisher**:

Gaudí (texto en español), Colección Parragón

Gaudí (texto en inglés), Colección Parragón

Gaudí (texto en español y en inglés), Colección Carlton

Barcelona Style

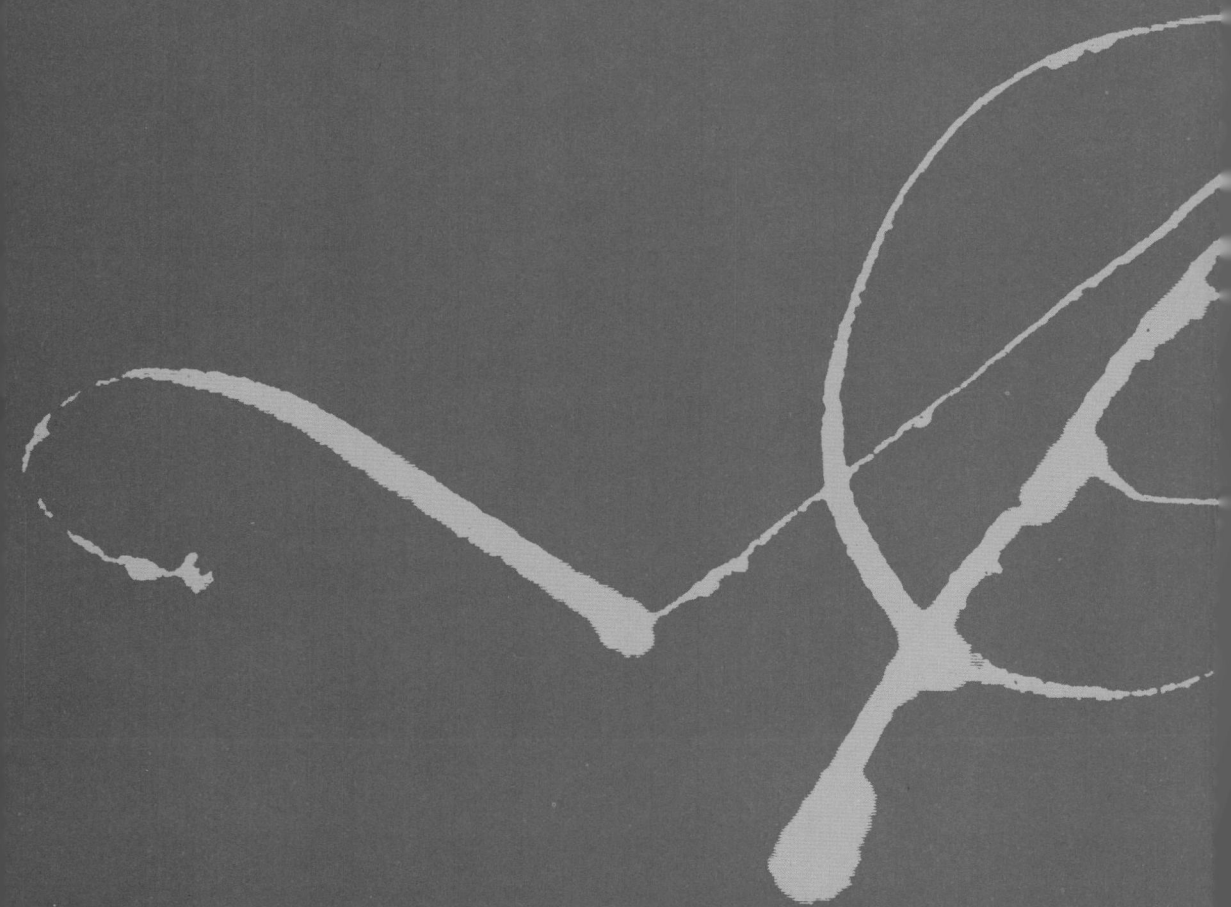